# 食べる禅

「いただきます」で切りかえる

ココロとカラダのおだやかスイッチ

# モヤモヤイライラ、ざわざわをスッキリしたいあなたに

この本は、あなたのための本です。

毎日毎日、家事や仕事などに追われて
忙しさのあまり、心に余裕がなかったり
家族や友人、仕事の相手との関係に
悩んだりしがちな、あなた。
将来の暮らしや健康面への
ぼんやりとした不安を抱えていて
たまに気持ちだけが焦ってしまう、あなた。

そんな、モヤモヤイライラ、ざわざわを
少しでも解消したいと思っているあなたが

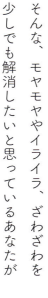

日々感じているように
現代はストレスを生みやすい時代です。

そのストレスを発散するために
たとえば買い物をしたり、お酒を飲んだり
SNSで同じ悩みを持つ人を探したりして
モヤモヤやイライラ、ざわざわを
なんとかやり過ごしている人も
多いのではないでしょうか？

あるいは、趣味に没頭したり
仲のよい友人とおしゃべりしたりして
ストレスをやり過ごしている方も
いらっしゃることでしょう。

でも「やり過ごす」と書いたように
それは根本的な解決にはなりにくいもの。

自分を取り巻く環境を変えたりしない限り
モヤモヤやイライラ、ざわざわはなくなりません。
とはいえ、環境というものは
そう簡単には変えられませんし
そのたびにストレスを発散する毎日では
真の意味で健全な暮らしとはいえないでしょう。

そこでこの本では
**禅の食事の仕方**をヒントに
ストレスのもととなる原因を解消する方法を
紹介することにしました。

ところで、例に挙げたストレス発散法、

ショッピングや飲酒、SNS、
趣味やおしゃべりのほとんどが
なにかしら行動をともなっていることに
お気づきでしょうか？

ストレスのもとを消すといっても
頭で考えるだけでは
なかなかうまくいきません。
でも人は、身体を動かすことで
モヤモヤやイライラが解消しやすいことを
経験として知っているのです。

一方で、日常のすべてを修行と捉え
考えではなく、行動を先とする禅の修行には
特にうってつけの解消法を見出せます。
それが、**食事**です。

誰もが必ず行う食事で
モヤモヤやイライラを解消できたら
こんなに嬉しいことはありませんよね。

もともと禅の修行は
心と身体がおだやかにととのうもので
あのｉＰｈｏｎｅの生みの親
故スティーブ・ジョブズも
注目していたといわれます。

その**禅の食事**をベースにして
気持ちがととのう食事術ができました。

それが、お弁当でも手軽に行える
**『食べる禅』**なのです。

この本で紹介する**『食べる禅』**は
忙しく過ごしたり、誰かとの関係に悩んだり
生活や健康のことで不安を抱えたりしている
あなたのための食事術です。

特に気持ちをととのえたいと思った日の食事に
この**『食べる禅』**を取り入れてみてください。
そうすれば、きっと大丈夫。
**モヤモヤ**や**イライラ**、**ざわざわ**が
**スッキリ**したあなたは
自然と振る舞いが、おだやかになるでしょう。

**いつもおだやかで魅力的な人。**
そんなあなたを
ぜひ手に入れてください。

# 禅の食事「行鉢」の体験会から生まれた『食べる禅』

本書で紹介する『食べる禅』は
禅寺の和尚・谷内良徹さん（以下、良徹和尚）
監修のもとで作成したオリジナルの食事術です。

良徹和尚は、禅的な丁寧な食事を
一般の方々にも体験してもらうため
曹洞宗の道場の食事法「行鉢」をベースとした
『行鉢 GyoHatsu - 丁寧な食事の仕方 -』から
仕出し弁当を用いる間口の広い食事会まで
様々な形態で禅の食事の体験会を開催。
年間のべ三〇〇人以上の方々が

禅の食事の素晴らしさを体感しています。

こうした体験会でつちかった経験をもとに禅になじみのない方にもわかりやすくかつ自宅や職場でも気軽に行えるようアレンジされたのが『食べる禅』です。

そのため、『行鉢 GyoHatsu』で用いられるお唱えや所作はできる限り簡略化していますが「心身ともにおだやかになる」という禅のエッセンスはしっかりと残るよう大事なところは押さえているのでご安心を。

「禅の作法は難しそう」というイメージを持っている人も、本書で紹介している『食べる禅』なら気軽に始められますしその効果も感じてもらえるはずです。

**良徹和尚が主催する禅の食事の体験会**

良徹和尚が主催する『行鉢 GyoHatsu』は、2018年現在は月1回の開催。修行僧でなくても、禅道場の正式な食事を体験でき、食事の意義を深められるとあって、毎回多くの方が参加されています。

P.75以降で体験レポート

# 『食べる禅』のもととなった『行鉢 GyoHatsu』で私たちもこんなに変われました！

実際に、禅の食事を体験された方々にその感想を聞いてみました。

『食べる禅』を監修した良徹和尚が主催する『行鉢 GyoHatsu』。その参加者の方々は、食事によって気持ちが切り替えられることの驚きを確かに実感されているようです。

## 食事に集中するうちに自然と心が落ち着きます

米山 さん
(30代・セラピスト)

禅の修行といえば「坐禅」ですが、私はジッとしていると頭の中で考えが巡ってしまって、あまり気が晴れない性分なんです。でも『行鉢 GyoHatsu』なら「食事をいただく」という動作があるので、その最中は所作を守ることに自然と意識が向きます。集中する対象があることで考えを巡らせずに済み、心が落ち着くようになりました。また、食事のありがたさを確認する意識を通じて、感謝の気持ちが強くなったのもよい影響です。『行鉢 GyoHatsu』を通じて瞬間瞬間を大切にするようになったことで、将来や過去に思いを馳せる時間が減り、心がおだやかになったと感じています。

## 心の浮き沈みが少なくなってきたと感じます

高橋 さん
(40代・看護師)

『行鉢 GyoHatsu』を始めたのは3年前で、今では体験会のスタッフ側に回ってしまうくらいハマってしまいました。看護師という仕事柄、患者さんの安定のためには、自分自身が安定していないといけないのですが、『行鉢 GyoHatsu』に参加させていただいてからは、相手と向き合う姿勢も自分自身と向き合う姿勢も変わっていき、心の浮き沈みが少なくなってきたように感じます。『行鉢 GyoHatsu』というのは特別で、「食べる」ではなく「食べさせていただいている」という感覚になります。いつしか、気持ちの切り替えなども必要なくなり、自然と心が安定するようになりました。

## 美味しいご飯の嬉しさが気持ちの切り替えに効果的

松井 さん
(40代・会社員)

体験会だけでなく、会社でも自主的に『行鉢 GyoHatsu』をやっています。ちょっとずれた時間にひとりで食事をとる時とか、周りに迷惑がかからないよう、お弁当をそーっと音を立てずにゆっくりといただいているんです(笑)。『行鉢 GyoHatsu』を継続することで、あまり悩まなくなったかもしれません。悩みそうになったら「ああ、考えなければいいんだ!」って、素早く切り替えられるようになりました。悩みに捉われないように、まったく違うことをするのが大事なのかなって。その点、美味しいご飯を食べるのは嬉しいことなので、より効果的な気がしています。

# Contents

■はじめに
**モヤモヤやイライラ、ざわざわをスッキリしたいあなたに** …… 2
・「行鉢」の体験会から生まれた『食べる禅』
・『行鉢 GyoHatsu』で私たちもこんなに変われました！
■良徹和尚からのひと言 ① …… 16

■第1章
**『食べる禅』でモヤモヤ、イライラ、ざわざわを今すぐスッキリ！** …… 17
・お弁当で体験すれば、いつでも可能に
・『食べる禅』は6つの手順を守るだけ
・手順1　姿勢を正して料理と向き合う
・手順2　5つのことをイメージする
・手順3　ご飯粒を少しだけ取り分ける
・手順4　3つの所作を心がけていただく
・手順5　気持ちの変化を確認する
・手順6　ご飯粒などを自然に還す
・解説　心がととのい、落ち着く仕組み
■良徹和尚からのひと言②　…… 46

■第2章
**様々な食事の場で『食べる禅』をやってみよう！** …… 47
・普段食 編
・パン食 編
・パスタ（麺）食 編
・食べる禅Q＆A
■良徹和尚からのひと言③ …… 58
■第3章
**『食べる禅』のもとになった禅の言葉＆考え方とは？** …… 59
・解説　手順1　坐禅
・解説　手順2　五観の偈
・解説　手順3　生飯の偈

・解説　手順４　三匙の偈
・解説　手順５　處世界梵（後唄）
・解説　手順６　折水の偈
■良徹和尚からのひと言④……74
■第４章
**『食べる禅』を生んだ『行鉢 GyoHatsu』に参加してみた！**……75
・『行鉢 GyoHatsu』体験会レポート
■良徹和尚からのひと言⑤……84
■おしまいに……86

良徹和尚からのひと言　①

# 禅の食事体験 『行鉢 GyoHatsu』とは？

鎌倉時代、福井の地に永平寺という禅道場を開いた道元禅師が、お釈迦さま伝来の食事の仕方を「行鉢」として日本に伝えました。「鉢を行ずる」と書くように、「行鉢」は食事を修行するという意味であり、この食事の仕方は今現在も曹洞宗の道場で実際に行われています。

禅の修行には、「ながら」をせず、目の前のひとつひとつに向き合っていくという特徴があります。それはつまり、「二度繰り返せない、今ここ」に専念していくということです。「会話をしながら……」や「音楽を聴きながら……」といった「ながら」から離れて食事に打ち込むことで、人々や自然の恩恵に深く気づかされ、様々なつながりを感じやすくなります。

生きていくということは、命を奪っていくことでもあります。自然界の中で食物連鎖、食物網という循環に加わりにくい私たちだからこそ、食べ方が問われます。食事という行為を「当たり前」にしないという禅的信念にのっとって、心静かに、丁寧に命をいただくのが「行鉢」です。その行いによって、作る人、食べる人、食材そのものが一体となり、分けへだてない清らかな禅の世界に包まれるのです。

# 第1章

# 『食べる禅』で
# モヤモヤ、イライラ、ざわざわを
# 今すぐスッキリ！

# 手に入りやすいお弁当で体験すれば いつでも『食べる禅』が可能に

良徹和尚が月に一度開催している禅の食事の体験会『行鉢 GyoHatsu』は心と身体をおだやかにする工夫に満ちています。

しかし、この『行鉢 GyoHatsu』を再現しようとすると給仕の人を揃えたり、精進料理を作ったり専用の道具を用意したりと一般の方々にはハードルが高いものです。

ただ、もし『行鉢 GyoHatsu』を再現できなかったとしても、「食事を丁寧にいただく」という『行鉢 GyoHatsu』の所作を実践できればおだやかな自分に変わることが可能です。

**実際に行われている お弁当での食事体験会**

良徹和尚は『行鉢 GyoHatsu』のほか、仕出し弁当を用いた簡易的な禅の食事の体験会も催しています。手軽に行えることから、個人・団体を問わず様々な分野の方からの声がけがあるそうです。

また、「禅の食事は、どんな食べものでも
実践できる」というのが、良徹和尚の考え方。
本書は、それをわかりやすく示せるのが
「お弁当」と考え、優先的に紹介しています。
近くのスーパーやコンビニでも気軽に購入でき
時間がない時や外出先でも食べられる
お弁当は、とても汎用的な食事といえるでしょう。
ですから、お弁当で『食べる禅』ができれば
ほかの料理でも応用しやすくなります。
普段の食器を用いた食事でもいいですし
パンやパスタ、カレーでも問題ありません。
『食べる禅』を通じて禅のエッセンスを取り入れ
いつでもどこでも、どんな食べものでも
食事の時間を「心と身体をおだやかにする時間」
に変えてみてください。

## もちろん、お弁当以外でも大丈夫！

お弁当以外で行う『食べる禅』の応用パターンも、本書47ページ以降で紹介しています。

- 普段の食事
- パン
- パスタ（麺）

どんな食べものでも、食べる禅！

P.47以降で詳細解説

# 『食べる禅』は6つの手順を守るだけ

## 手順どおりの食事で心と身体がととのう!

手順1　姿勢を正して料理と向き合う

▼

手順2　5つのことをイメージする

▼

手順3　ご飯粒を少しだけ取り分ける

▼

手順4　３つの所作を心がけていただく

▼

手順5　気持ちの変化を確認する

▼

手順6　ご飯粒などを自然に還す

これで

**モヤモヤ・イライラ・ざわざわがスッキリ!**

# さぁ『食べる禅』をやってみよう！
# まずは、お弁当を用意しましょう

まず最初に『食べる禅』でいただくお弁当を用意します。そのほかにもハンカチや小鉢類は手順3で、飲み物は手順6で必要になるので、できる限り用意してください。なお、ハンカチや小鉢はご飯粒を取り分けるために使うので、その場で用意しやすいものを選びましょう。

『食べる禅』の時は同じお弁当と決めておくことで、「この

## 用意するものの例

お弁当は、心身をおだやかにするための食事なんだ！」と自分の中で習慣化でき、気持ちを切り替えるスイッチになりやすいでしょう。

## 手順1

### 姿勢を正して、目の前の料理と向き合いましょう

姿勢は気持ちに影響を与えます。おだやかになるよう、背筋を伸ばして食事をします。

# 椅子に姿勢よく座り、呼吸をととのえます

椅子に腰掛けたら、真っ直ぐ背筋を伸ばして、できるだけ両足の裏を床につけます。手を膝の上に置き、肩の力を抜いて深呼吸をしてから、料理と向き合いましょう。

背筋が曲がっていたりして料理ときちんと向き合っていない状態では、気持ちも真っ直ぐになりにくいものです。

**良徹和尚のポイント解説**

本来は椅子ではなく、坐禅と同じ座り方で食事をいただきます。食事も大事な修行のひとつであるため、坐禅の姿勢で行うのです。

P.60で詳細解説／P.76で体験レポート

## 手順2

## 5つのことをイメージしてから「いただきます」といいましょう

これから紹介する5つのことを、しっかりと頭の中でイメージします。

# イメージすること

## 1つめ

### 料理を作った人、運んだ人、食材を作った人などに感謝する

このりんごひとつにも
たくさんの人の
手間や苦労が
かかっているんだな……

**良徹和尚のポイント解説**

目の前の料理ができるまでにかけられた手間や苦労、素材を産んだ自然の恵みに思いを巡らせ、感謝します。

P.62で詳細解説／P.80で体験レポート

## 2つめ

### 生活の中での言動などを反省する

あれはちょっと
よくなかったなー

**良徹和尚のポイント解説**

多くの人々の手間や苦労がかかっている食事をいただくだけの、行いができているかを反省します。

P.62で詳細解説／P.80で体験レポート

# イメージすること

## 3つめ
### 食事中は「食べること」に専念すると決める

余計なことを考えず
食事に集中しよーっと

**良徹和尚のポイント解説**

過ちのもととなる「むさぼり」「怒り」「愚かさ」は、考えを巡らせ、比較することで膨らむもの。そうした心の動きを観察し、食べることに専念しましょう。

P.62で詳細解説／P.80で体験レポート

## 4つめ
### 食事は健全な心身のための栄養源なのだと自覚する

この食べものが
元気を作るんだ!

**良徹和尚のポイント解説**

食事は心身を保つために必要な薬でもあります。そうした食事の意義を捉え、味や量にこだわり過ぎずに、いただきましょう。

P.62で詳細解説／P.80で体験レポート

## 5つめ

## 「なりたい自分になる」ための食事にすると誓う

気持ちを切り替えるための食事にしよう！

**良徹和尚のポイント解説**

自分のなすべきことをなすための食事にすると誓います。モヤモヤやイライラが強ければ「おだやかな自分」を目指すとよいでしょう。

P.62で詳細解説／P.80で体験レポート

これら5つを頭の中でイメージし終えたら、「いただきます」と発声し、今一度、食事と向き合います。

**良徹和尚のポイント解説**

本来は、食事の直前に、これらの5項目を意味する偈文を声に出して唱え、これからいただく食事の心構えを確認するのです。

P.62で詳細解説／P.80で体験レポート

## 手順3

# ご飯粒を少しだけ取り分けましょう

ほかの生き物に分け与えるため、食事の前にご飯粒を取り分けます。

ごく少量のご飯粒をハンカチや小鉢などに取り出す

少量のご飯粒をお箸でつまんで、ハンカチやビニール袋、小鉢やお弁当のフタなど、お弁当とは別の容器に移します。

目安：7粒ほど

良徹和尚のポイント解説

自分だけが食事で満たされるのではなく、生き物たちにも分け与えるために、いただく直前に取り分けます。このご飯粒は「生飯」といいます。自然界と自分のつながりを確認するために施します。

P.66で詳細解説／P.80で体験レポート

## 取り分けたご飯粒は
## 手順6（自然に還す）まで残しておきます

ご飯粒をハンカチや小鉢等に取り分けるのは、ほかの生き物に分け与えるため。このご飯粒は、手順6で自然に還すので、食事が終わるまで残しておきましょう。

## 手順4

# 3つの所作を心がけて食事をいただきましょう

ここで紹介する所作を心がけながら、丁寧に食事をいただきます。

# 心がける所作

## 所作①

### 容器（食器）は両手で扱い3本の指（親指・人差し指・中指）を用いるようにする

お箸は、両手で取り上げ、利き手の薬指と小指で握り込んで持ちます。そうすることで、利き手の三本の指（親指・人差し指・中指）と逆側の手（＝両手）を使って器を持てるようになります。なお、逆側の手も利き手と同様に三本の指で支えましょう。

食べる際は、利き手ではないほうの手の三本の指のみで容器を支えることになります。最初のうちは慣れないかもしれませんが、なるべく容器を持ち上げ、姿勢を正した状態でいただきましょう。

# 心がける所作

## 所作②

## 口に運ぶ料理はひと口サイズにして音を立てずに噛む

ひと口ごとの量は、必要以上に頬張らず、口を大きく開けなくても入るくらいのサイズにします。

口の中のものが少なくなれば自然と口を小さく動かすことになり、噛む音も小さくなります。

**良徹和尚のポイント解説**

本来は、ひと口ひと口を「二度と繰り返すことのできない行い」として捉えます。これは『食べる禅』でも同様で、ひと口ずつを大事にするうちに、テレビやスマホを観ながら食事をすることも自然と減っていくでしょう。

P.68で詳細解説／P.81で体験レポート

## 所作③ 身体全体で料理を味わう

食材を口に含んだ時、噛んだ時、味が広がった時、飲み込んだ時など、料理をいただく際のひと口ごとの感覚を身体全体で味わいましょう。

身体全体で料理を味わう感覚を意識できれば、口の中にものが残ったまま、ほかの料理に手を出すことも少なくなります。

食事中はご飯やおかずをまんべんなくいただくようにします。また、口に食べものを多く含んだ状態で、別のおかずを詰め込むのはやめましょう。

### 飲み物は手順6（自然に還す）のために少し残しておきましょう

手順6では、少量の飲み物を自然に還します。食事が終わった際に少しだけ残るよう、飲み干さずに取っておきましょう。

## 手順5

### 「ごちそうさま」といってから気持ちの変化を確認しましょう

食事の前と比べて、自分の気持ちに変化があったことを確認します。

# 確認する気持ちの変化

## モヤモヤ、イライラの理由を客観視できるようになった

食事をいただく前に比べて、少しでも自分のことを客観的に見られるようになったか確認してみましょう。モヤモヤやイライラ、ざわざわがなんとなく落ち着き、自分の心の機微にも気づけるようになれば、他人や、ほかのモノ・コトに対しても優しい気持ちで向き合えるようになっていくはずです。

**良徹和尚のポイント解説**

本来は、食事の最後に「自分勝手ではなく、落ち着いた状態で食事ができたこと」を確認する意味合いのお唱えをします。

P.70で詳細解説／P.83で体験レポート

## 手順6

## 取り分けたご飯粒などを2つの方法で自然に還しましょう

食事のあと、手順3と手順4で取り分けたご飯粒と飲み物を自然に還します。

# 自然に還す方法

## 1つめ
## 手順3で取り分けたご飯粒を ほかの生き物に分け与える

環境が適していれば、ほかの生き物と分かち合うという気持ちで、手順3で取り分けておいたご飯粒を、庭やベランダなどに撒きます。ペットなどに与えるのもよいでしょう。

### 良徹和尚のポイント解説

庭やベランダなどの環境や条件が整わず、取り分けたご飯粒や飲み物をどうしても自然に還せない場合は、「生き物の代わりに私がいただきます」という気持ちを強く意識し、自分自身でいただきましょう。自分でいただくことになったとしても、自然界とのつながりを自覚することが大事です。

P.72で詳細解説

# 自然に還す方法

## 2つめ
## 食事中にいただく飲み物を少しだけ残しておき自然に還す

食事中にいただく飲み物はすべて飲み干さずに、あえて少しだけ残しておきます。

ほかの生き物と分かち合うという気持ちで、飲み物の残りを観葉植物にあげたり、庭に撒いたりして自然に還します。

**良徹和尚のポイント解説**

本来は、食器を洗った栄養分が含まれた水を、ほかの生き物に分け与えます。『食べる禅』でも同様に、食事中にいただく飲み物を自然に還しましょう。

P.72で詳細解説

『食べる禅』を行うだけで、
モヤモヤイライラ、ざわざわが
スッキリして
心と身体がととのった自分へ！

『食べる禅』の解説

# 心がととのい、落ち着く仕組み

## 『食べる禅』に盛り込まれた禅の考え方とは？

知らず知らずのうちに溜め込んでしまっている、モヤモヤやイライラ、ざわざわ。

こうした心の疲れは、肩コリや首のハリのようなもので、放っておくと徐々に凝り固まって、身動きが取りにくくなってしまいます。たまにマッサージに行って身体のコリをほぐすように、心のコリ（モヤモヤ、イライラ、ざわざわ）も『食べ

る禅』で早めにスッキリするよう、心がけたいものです。

そもそも、モヤモヤやイライラ、ざわざわといった感情の原因は「理想と現実のギャップ」にあるといえるでしょう。「こうなりたい」「こうあってほしい」という、自分がイメージする理想と、自分の思いどおりにならない現実。そのズレが大きければ大きいほど、気持ちが乱れるというわけです。もちろん理想を持つことは大事ですが、現実とのギャップに心をすり減らしていては、やはり健全とはいえないでしょう。

現実をしっかりと見極め、理想を絶対のものとしない。そうした気持ちのあり方は、実は禅の考え方と相性がいいのです。

たとえば食事をしていて、大好きなおかずが残り半分になったとします。この時、私たちは「おかずがもう〝半分しか〟ない」あるいは「おかずがまだ〝半分も〟ある」などと考えがちですが、「半分しか」や「半分も」といった比較をせず、ただ「半分ある」とだけ捉えるのが禅的な見方です。〝今ここ〟の事実を見極めることは、理想と現実のギャップの気づきにもつながるのです。

本書で紹介している『食べる禅』には、一回一回の食事を現実として捉え、理想に引きずられない工夫が随所に盛り込まれています。手順ごとにたくさんの所作が用意されているのも、そういった理由によるものです。決まりごとを守って食事をしている間は、「半分しか」や「半分も」といっ

たことを考える余地がなくなり、いつの間にかおだやかな状態に近づけるという仕組みです。

また『食べる禅』は、時間をかけて丁寧にいただくため、通常よりも少量の食事でお腹が満たされるのも特徴。時間に追われて早食いをすると、満腹を感じる前にたくさんの食事をとり込むことになり、結果的に食べ過ぎになってしまいがちですが、『食べる禅』は、そういった過食の予防にもつながる健康的な食事法といえます。

ですから、モヤモヤやイライラ、ざわざわを抱えている方でも、『食べる禅』を繰り返すことで、心と身体がととのい、「おだやかな自分」に変われるのでしょう。

良徹和尚からのひと言　②

# 『食べる禅』の手順は覚えられなくても大丈夫

一般的に「作法」というと、覚えたり身につけたりが課せられ、窮屈で難解というイメージがあるかもしれません。しかし禅の食事の体験会『行鉢 GyoHatsu』や本書で紹介する『食べる禅』における様々な所作や手順は、そうしたイメージとはやや異なります。どちらかといえば「余計な考えをしないための約束ごと」や「自分勝手にならないための決まりごと」として捉えるべきだと考えています。

また、禅の世界では「初心」を大事にします。ですから『食べる禅』の手順がすぐに覚えられなくてもかまいません。むしろ「慣れる」ということは、丁寧さを欠いてしまったり、考えごとをしながらでもできてしまったりする面があります。一方、初めて行う時の真剣さや新鮮さは、丁寧さにつながるものです。慣れている、慣れていないにかかわらず、各人なりの丁寧さで『食べる禅』に親しんでみてください。

なお、『食べる禅』を行う時は、ご自身の先入観やイメージ、価値判断をできるだけ持ち込まないことをおすすめします。ご飯の味やお味噌の味、ニンジンの味など、ひと口ずつの味そのものを捉えていくことで、考えや気持ちに振り回されない食事が行えます。それにより食事が頭を休める時間となり、その結果スッキリにつながるでしょう。

# 第2章

# どこでもなんでも気持ちをスッキリ
# 様々な食事の場で
# 『食べる禅』をやってみよう!

応用パターン1

# どこでもなんでも『食べる禅』
# 普段食編

## ① いただく前に少量（7粒ほど）のご飯粒を取り分ける

手順3と同様に、少量（7粒ほど）のご飯粒をお箸でつまんで、小鉢などに取り分けます。食後には、観葉植物にあげたり、庭やベランダなどでほかの生き物に施します。

## ② 食器は両手で扱い3本の指だけを使う

すべての食器類はできるだけ両手で持ち上げて扱います。手順4の所作と同様に、利き手はお箸を握り込んだ薬指と小指を除く3本の指（親指・人差し指・中指）だけを使うようにし、反対側の手も同様の指を使いましょう。

## 応用パターン2

# どこでもなんでも『食べる禅』パン食編

## ①いただく前にコイン半分ほどのパンを取り分ける

手順3のご飯粒と同様に、パンをコイン半分ほどの大きさにちぎって小皿などに取り分けます。食後には、必要に応じてさらに細かくし、観葉植物にあげたり、庭やベランダなどでほかの生き物に施します。

## ②パンは両手で扱い、口元まで運ぶ

パンは両手で持ち、口元まで運んでいただきます。こうすれば、自分の顔を突き出してパンを迎えに行くことがなくなり、食事中も背筋が伸びた美しい姿勢を保てます。

応用パターン3

# どこでもなんでも『食べる禅』パスタ（麺）食編

## ① いただく前に コイン半分ほどの 麺を取り分ける

手順3で取り分けるご飯粒と同様に、コイン半分ほどの量の麺を小皿などに取り分けておきます。食後にはご飯粒と同様に、観葉植物にあげたり、庭やベランダなどでほかの生き物に施します。

## ② 麺はなるべく 顔を突き出さずに 口元まで運ぶ

パスタは、フォークで巻いて口元まで運びます。これにより、顔を突き出して食べずに済み、食事中の姿勢を美しく保てます。なお、ラーメン、蕎麦、うどんなど、そのほかの麺類を食べる場合は、すする音などは仕方がないにしても、なるべく姿勢を崩さず、丁寧にいただきましょう。テーブルマナーを求められる場所では、それに従うとよいでしょう。

# Q『食べる禅』はひとりではなく複数人で行ってもいい？

# A

もちろん大丈夫です。本来の禅の食事では、複数で一斉に料理をいただくのが通常ですので、『食べる禅』もぜひ、ご家族やご友人と一緒に行ってみてください。

その際は、本書で紹介している各手順の所作をそろえるようにしてみてください。食べ始めの「いただきます」のタイミングはもちろん、食べ終わるタイミングも同じになるよう、各自でスピードを調整しながら食事をいただくことが大切です。

お互いのことをうかがいながら、食べるのが早い人は遅く、食べるのが遅い人は早くと歩み寄る。そのうちに、おのずと他者を気遣う心が養われるでしょう。

## Q 『食べる禅』の時は料理をたくさん食べてもいい？

**A** 禅の食事では、通常、応量器という器でご飯をいただきます。この器は文字通り「量に応じて受ける器」であり、自分の必要に応じた量をいただくのが基本とされています。『食べる禅』を行う際もこれと同様に「今の自分に必要だ」と思った量をいただくようにしましょう。

なんとなく「たくさん食べたいな」と思った時は、本当にそれだけの量を必要としているのか、今一度、自分自身に問いかけてみてください。もし「今はそれほど必要じゃない」と感じたなら、つつしむことも大事でしょう。

現在の自分自身の状態に気づいていくことは、気持ちを乱れさせない予防にもなるはずです。

## Q 『食べる禅』ではなにを食べてもいい？

**A** 本書で紹介している『食べる禅』の特徴は「なにを食べるか」ではなく「どう食べるか」にあるので、いつもと同じように食べたいものを食べて大丈夫です。ただし、手順2（26ページ）で触れているように、味や量にこだわり過ぎないように用心したいものです。

本来の禅の食事といえば、「精進料理」のイメージが強いと思いますが、精進料理に肉や魚、刺激の強い野菜が用いられないのは、匂いの強さや、精のつき過ぎが、共同生活での修行の妨げになるからだといわれています。

ですから、修行僧ではないみなさんは「精進料理」であるかどうかは気にしなくても大丈夫です。その時々の料理を丁寧にいただくことを大切にしてください。

# Q 『食べる禅』は毎日、継続的に行ったほうがいい？

# A

忙しい現代の社会では、毎日毎食に『食べる禅』を行うのは、現実的ではありません。そのため本書でも、「モヤモヤ、イライラ、ざわざわをスッキリしたい時だけ」でもかまわないという方針をとっています。

日常生活の中では、「ながら」の食事をすることもあるでしょうし、家族そろって賑やかに食卓を囲むことも大事でしょう。しかし、時折『食べる禅』を生活の中に織り交ぜることで、新たな気づきや、食べることの根本に触れるきっかけになります。ご自身のタイミングで『食べる禅』を実践し、「食事をいただく意味」を意識することが習慣づいていけば、自分自身のあり方もまた変わっていくはずです。

良徹和尚からのひと言　③

# もしこれが最初で最後の食事だとしたら？

毎月の『行鉢 GyoHatsu』では「自分がほかの生き物に食べられるとしたら、どのように食べられたいですか？」という問いかけをすることがあります。どうせ食べられるのであれば、雑談しながら、よそ見しながらではなく、しっかりと正面から向き合って、丁寧に食べられたいと思うはずです。

本書で紹介している『食べる禅』でも、『行鉢 GyoHatsu』にならって、器を両手で扱う所作を基本としています。片方の手が空いていると、携帯電話を操作したり、雑誌のページをめくったりして「ながら」食べが可能になってしまい、料理や食材と正面から向き合わない余地が生まれます。こうなると食べることに専念しにくくなり、抱えた思いや気持ちに引きずられ、食材となった命に対しても敬う気持ちが欠けてしまいます。

また、「もしこれが最初で最後の食事だとしたら？」といった問いかけもします。当たり前のことですが、今のこの瞬間は戻ることがありません。そう考えると「最初で最後の……」は大げさなたとえ話ではないのです。一回一回の食事をかけがえのないものとして捉えることが、丁寧さを育むのです。

# 第3章

理屈があるから変われます！

## 『食べる禅』のもとになった禅の言葉&考え方とは？

# 手順1の「禅」的解説

## 食事も修行。だから姿勢を正す。

鎌倉時代の禅僧・道元禅師は『赴《ふ》粥飯法《しゅくはんぽう》』という書物で「食事をいただく際の心得」を細かく示し、後世に伝えました。その内容は元祖食育ともいえるもので、道元禅師が食事をとても大事なものと考えていたことがわかります。

禅の修行では、「行住坐臥《ぎょうじゅうざが》（歩くこと、とどまること、座ること、寝ること）」といった、日常の行いすべてを大切にします。もちろん食事も大事な修行の時間になるので、それにふさわしい姿勢や態度をとらなくてはいけません。そのため曹洞宗の道場では、「坐禅」とまったく同じ座り方で食事をいただきます。ちなみに坐禅は、お釈迦さまが悩みや苦しみから解放された時の姿とされ、それを道元禅師などの祖師方が、大事に伝えてきたものです。

食事も修行の一環。ですから足を組むのが難しい環境、状況にあったとしても、姿勢を正して食事に専念することにより、おのずと心と身体がととのっていくはずです。

**手順1の禅的キーワード**

## 坐《ざ》禅《ぜん》

# 手順2の「禅」的解説

## 食事の根本にある意義を考える。

手順2で「いただきます」と言う前にイメージする「5つのこと」のベースとなっているのが、「五観《ごかん》の偈《げ》」というお唱えで、もともとは中国で成立した偈文《げもん》です。食事をいただく際の意義が示されており、道元禅師が『赴粥飯法《ふしゅくはんぽう》』の中で引用しました。

この「五観《ごかん》の偈《げ》」をわかりやすく説明すると、まず、一つ目の「功《こう》の多少《たしょう》を計《はか》り……」では、調理や生産をする方など、目の前の料理に驚くほど多くの人がかかわっていることや、食材の時点までさかのぼって、自然の恩恵にまで思いを巡らすことができます。

**手順2の禅的キーワード**

# 五観《ごかん》の偈《げ》

一《ひと》つには功《こう》の多少《たしょう》を計《はか》り
彼《か》の来処《らいしょ》を量《はか》る
二《ふた》つには己《おのれ》が徳行《とくぎょう》の
全欠《ぜんけつ》と（を）付《はか》って供《く》に応《おう》ず
三《み》つには心《しん》の（を）防《ふせ》ぎ過《とが》を離《はな》るることは
貪等《とんとう》を宗《しゅう》とす
四《よ》つには正《まさ》に良薬《りょうやく》を事《こと》とするは
形枯《ぎょうこ》を療《りょう》ぜんが為《ため》なり
五《いつ》つには成道《じょうどう》の為《ため》の故《ゆえ》に
今此《いまこ》の食《じき》を受《う》く

また、二つ目の「己《おのれ》が徳行《とくぎょう》の全缺《ぜんけつ》……」は、得がたい食事をいただくのに見合う行いができているかと反省を促されます。多くの手間や苦労、命をいただくことが想像できれば、振る舞いに対しても謙虚な気持ちが湧いてくるでしょう。

三つ目の「心《しん》の（を）防《ふせ》ぎ過《とが》を……」、四つ目の「正《まさ》に良薬《りょうやく》を事《こと》……」では、目の前の料理に対する好き嫌いや分別といった心の動き、食事の本来の役割を自覚できます。節度をもって食事に専念することを促されます。

**手順2の禅的キーワード**

# 五観《ごかん》の偈《げ》（意訳）

一、目の前の料理ができるまでにかけられた手間や苦労、素材の命を産んだ自然の恵みに気づき、感謝しましょう。

二、数多くの人々の手間や苦労、自然の恵みにあふれる料理をいただくだけの行いができているか、反省しましょう。

三、「むさぼり」「怒り」「愚かさ」といった

そして、五つ目の「成道《じょうどう》の為《ため》の故《ゆえ》に……」では、自分の道をしっかりと全うするために食事をいただくことを確認できます。

食事の前に、その意義を見つめ直すこと。その点で「五観《ごかん》の偈《げ》」は、私たちが普段、無意識に行う「いただきます」の意味を、わかりやすく噛み砕いたお唱えともいえるでしょう。「五観の偈」の内容をイメージすることで、食事は自分と世界のかかわり方を見つめ直す場となり、気持ちを切り替える機会へと変化するのです。

**過ちの元となる心を離れて**
**食事に専念しましょう。**

**四、食事は心身を保つために必要な**
**薬と捉えて、味や量に**
**こだわり過ぎないようにしましょう。**

**五、自分が成すべきことを成すための**
**食事にすると誓っていただきましょう。**

# 手順3の「禅」的解説

## ほかの生き物に分け与え、つながりを感じる。

「五観《ごかん》の偈《げ》」で食事の根本的な意義を確認したあとは、施しの作法を行います。目の前の食事を自分だけのものにせず、縁の有無にかかわらず、ほかの生き物たちに分け与えます。この際にお唱えする偈文《げもん》「生飯《さば》の偈《げ》」をわかりやすく説明すると「あらゆる存在に食べ物を施しますので、共にいただきましょう」という意味合いであり、尊い行いとされます。

　施すのは7粒以下のご飯粒などで、右手の親指と人差し指と中指でご飯粒を直接つまみ、「鉢刷《はっせつ》」というヘラの上に載せます。この少量のご飯粒は食事中に回収され、のちほど、お寺に設けられた生飯台《さばだい》や境内の庭などに撒かれたりすることで、鳥や虫などの食事になるのです。実際に「生飯《さば》」を食べる生き物だけでなく、すべての生きとし生けるものと自分の食事を分かち合うという気持ちで行います。その心と行いによって、おのずとおだやかな気持ちが芽生えるものです。この「生飯《さば》」の施しを日々の食事に盛り込むことで、自分と周囲とのつながりも、より深く感じられるようになるでしょう。

**手順3の禅的キーワード**

## 生飯《さば》の偈《げ》

**汝等鬼神衆《じてんきじんしゅ》**
**我今施汝供《ごきんすじきゅう》**
**此食偏十方《すじへんじほう》**
**一切鬼神共《いしきじんきゅう》**

# 手順4の「禅」的解説

所作にしたがい、丁寧にいただく。

本来の禅の食事では、食事をいただく直前に「撃鉢《けいはつ》の偈《げ》」というお唱えをしますが、その後半「三匙《さんし》の偈《げ》」では、ひと口ごとに「悪いことをやめる」「よいことをする」「みなのためになることをする」といった内容を共に誓い、食事のひと口ひと口を丁寧にいただく意識を高めます。

また『赴粥飯法《ふしゅくはんぼう》』には、食事作法が丁寧に記されています。食器を親指、人差し指、中指の三本だけで扱うのも、本の中に記されている決まりごとのひとつです。ほかにも「くちゃくちゃと音を立てて噛んではいけない」「肘をついて食べてはいけない」「おかずとご飯はまんべんなく、交互に食べなくてはいけない」「食べものを口に含んだまま、おしゃべりをしてはいけない」など、驚くほど多くの決まりごとがあります。

もっとも、これらの作法の多くは、テーブルマナーとして私たちの日常に溶け込んでおり、みなさんが普段から気をつけていることと重複する部分も多いのではないでしょうか。

**手順4の禅的キーワード**

# 三匙《し》の偈《げ》

**一口《いっく》為《い》断《だん》一切《いっさい》悪《あく》**
**二口《にく》為《い》修《しゅ》一切《いっさい》善《ぜん》**
**三口《さんく》為《い》度《ど》諸《しょ》衆生《しゅじょう》**
**皆《かい》供《ぐ》成《じょう》佛《ぶつ》道《どう》**

# 手順5の「禅」的解説

## 丁寧な食事ができたことを確認する。

禅の食事では、食べ終えたその場で食器の後片付けも行います。そしてそのあとに、食事を終える合図として「處世界梵《しょせかいぼん》（後唄《ごばい》）」というお唱えをするのです。わかりやすく説明すると「仏の世界は捉われなき清々しい世界。美しい蓮華が泥水に汚されないようなもの。心が清らかであれば、この世の汚れから離れます。この上なき仏を敬い、礼拝します」という意味となっています。

　つまり「處世界梵《しょせかいぼん》（後唄《ごばい》）」は、これまでに紹介した「五観《ごかん》の偈《げ》」や「三匙《さんし》の偈《げ》」のような〝食事の心構え〟ではなく、〝食事を通して変わった自分を確認する〟という意味合いが強いお唱えといえるでしょう。「心が清らかであれば、この世の汚れから離れます」という偈文《げもん》の言葉が示すように、我欲に汚されない食事ができれば、おだやかな自分になれます。禅の食事には、そういった状態に導いてくれる所作があらかじめ組み込まれており、それをベースとする『食べる禅』は、モヤモヤやイライラ、ざわざわといった感情を落ち着かせる食事術といえるでしょう。

**手順5の禅的キーワード**

## 處《しょ》世《せ》界《かい》梵《ぼん》（後《ご》唄《ばい》）

處《し》世《し》界《かい》如《じ》虚《き》空《くん》
如《じ》蓮《れん》華《か》不《ふ》着《じゃ》水《しい》
心《しん》清《しん》浄《じん》超《ちょう》於《い》彼《ひ》
稽《き》首《しゅ》礼《りん》無《ぶ》上《じょう》尊《そん》

# 手順6の「禅」的解説

作法を通して客観的に自分を見つめる。

前ページ「手順5の禅的解説」で書いたように、禅の食事では食べ終えたその場で食器を洗います。これを「洗鉢《せんぱつ》」といい、まず、もっとも大きい器にお水を注ぎます。このお水を徐々に小さい器に移していき、すべての器を順番に洗います。その際の「洗鉢《せんぱつ》」に使われた、栄養分を含むお水を、自分以外の周囲の生き物に分け与える行いが「折水《せっすい》」です。この「折水《せっすい》」が、手順6の「少量のお水を自然に還す」という所作のベースとなっています。

「折水《せっすい》」の際に唱える偈文《げもん》は「鉢を洗った水は、天上で味わう美味しい飲み物のようなもの。これを生き物たちに分け与えます」という内容で、その考えは手順3の「生飯《さば》」と共通しています。

人間だけではなく、生き物全体を意識すると、自分も自然の一部なのだと自覚できます。このように、様々な角度や距離から客観的に自分自身を見つめることは、実生活における自分の立ち位置や、他人との関係を見直すきっかけにもなるはずです。

**手順6の禅的キーワード**

## 折水《せっすい》の偈《げ》

**我此洗鉢水《がしせんぱっすい》**
**如天甘露味《にょてんかんろみ》**
**施與鬼神衆《せよきじんしゅ》**
**悉令得飽満《しつりょうとくぼうまん》**
**唵摩休羅細娑婆訶《おんまくらさいそわか》**

良徹和尚からのひと言　④

## あらゆるものとのつながりの意識を深めることが大切

禅の食事では、食材に対してどこまで関係を見い出せるのか……という、相互関係を捉えることが重要とされます。大根ひと切れを見ても、調理する人、運搬する人、梱包する人、販売する人、生産する人、研究に従事する人など、数限りない人が、目の前のひと切れに携わっています。さらには、お日さま、雨や風、海や川や大地といった、大自然との広大なつながり、かかわりを深く感じてこその『食べる禅』なのです。「いただきます」や「ごちそうさま」の心は、自身を取り巻くすべてに向けられた言葉でもあるのです。

食事とは、命の交換のひとコマです。食べものは食べた瞬間から私たち自身になり、私たちの身体を巡ったのち、あらゆる形となって外に出ていきます。ですから、自然環境もすべて自分自身とつながっていると自覚することが修行の基本なのです。禅寺では、食事をする場所や調理をする場所に仏さまがまつられていて、いただいたり作ったりも修行として行います。それらと同じく、お手洗いやお風呂にも仏さまがまつられており、やはり用を足したり汗や垢を流したりも大事な修行として丁寧に行います。つまり、身体に入ってくる食事も、身体から出ていくお手洗いや入浴も等しく丁寧につとめるということなのです。こうした生活態度こそ、お互いにおだやかに過ごすための秘訣ではないでしょうか。

# 第4章

## 禅道場の食事を本格的に体験
## 『食べる禅』を生んだ
## 『行鉢 GyoHatsu』に参加してみた！

『行鉢 GyoHatsu』での食事中の様子。

# 『行鉢 GyoHatsu』体験会レポート

## より本格的な禅の食事で、もっと心身をおだやかに。

### 修行僧専用の食器を用いる良徹和尚主催の「行鉢」体験会

良徹和尚が毎月一回のペースで催している『行鉢 GyoHatsu』について、詳しく紹介しましょう。

本書の冒頭でも紹介したとおり、「行鉢」とは曹洞宗の道場で修行僧が行う食事のことで、修行の一環とあって所作が細かく決められています。その所作を教わりながら食事をいただく体験会。参加者は10代から70代まで幅広く、中には「美味しい食事も楽しみのひとつ」なんて人もいます。というのも、体験会で出される料理は地元の料理人・今井武文さんが担当。四季折々の地の食材を用いた、プロの料理をいただけるのです。そんな敷居の低さがむしろ、禅の心が日常と地続きであることを教えてくれるようでもあります。

良徹和尚の体験会の特徴は、禅道

**良徹和尚のお寺では様々な体験会を開催！**

『行鉢 GyoHatsu』は、富山県の最勝寺で毎月1回開催。最勝寺では、これ以外にも、坐禅やヨガ、写経の体験会、音楽ライブなど、様々なイベントが催されています。

『行鉢 GyoHatsu』での給仕の様子。

場の「行鉢」で用いられる修行僧専用の食器「応《おう》量器《りょうき》一式」(レンタルまたは持参)を使用するところ。応量器《おうりょうき》は、入れ子状に重ねてコンパクトにまとまる漆塗りの器と、箸やさじ、ふきん、ひざかけなどのセットを袱紗《ふくさ》でまとめたものであり、これを用いることで「行鉢」の細かな所作に含まれた心をしっかりと習えるのです。

## ご飯粒を素手で。全身で感じる食事

『行鉢 GyoHatsu』の最中は、良徹和尚が「槌砧《ついちん》」と呼ばれる木槌《きづち》でカチッと音を鳴らして、所作の節目節目で参加者に合図

給仕の待機をする浄人方。

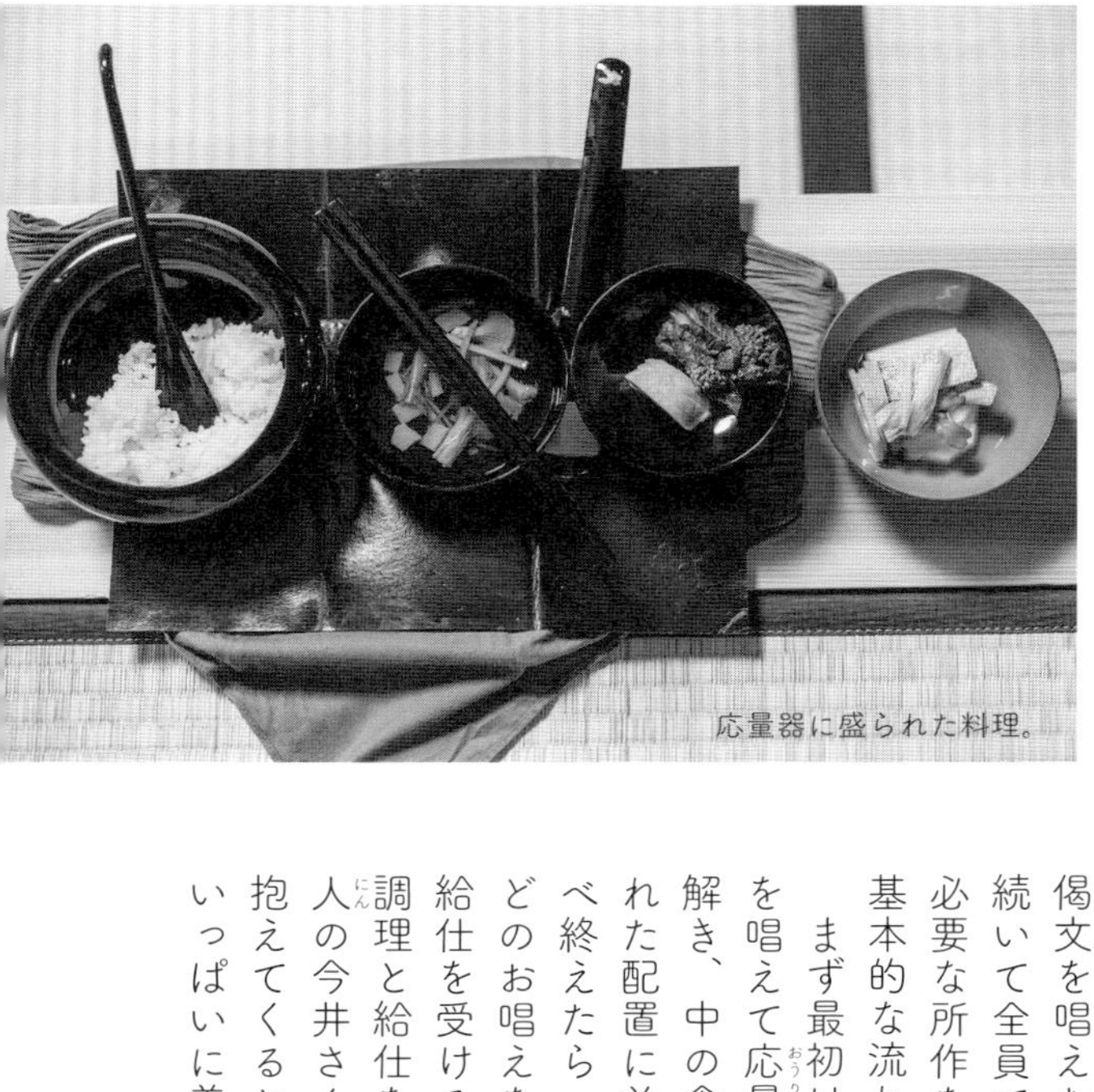

応量器に盛られた料理。

を送ります。とはいえ、料理をいただいている時以外はあらかじめ配られる手引き書を見ながら進めるので、初心者でも迷うことはありません。良徹和尚が槌砧《ついちん》を鳴らし、偈文《げもん》を唱えたら、それに続いて全員でお唱えし、必要な所作を行うのが、基本的な流れです。

　まず最初は、「展鉢《てんぱつ》の偈《げ》」を唱えて応量器《おうりょうき》の袱紗《ふくさ》を解き、中の食器を決められた配置に並べます。並べ終えたら「十仏名《じゅうぶつみょう》」などのお唱えをして食事の給仕を受けるのですが、調理と給仕を担当する浄《じょう》人《にん》の今井さんらが料理を抱えてくると、お堂の中いっぱいに美味しい香り

ご飯粒をつまんで「生飯」を出すところ。

が広がるのです。食事への期待は、いやがうえにも高まってしまいます。

給仕以降の所作の多くは、本書で提案している『食べる禅』のベースになっています。まず、通常の食事の「いただきます」のタイミングで「五観《ごかん》の偈《げ》」を唱え、食事の意味を確認。次に「生飯《さば》の偈《げ》」を唱えて、施しのためのご飯粒を手でつまんで取り分けます。ご飯粒に直接触れることも「行鉢」の大事な作法なのです。そうして取り分けたご飯粒を「鉢刷《はっせつ》」という、器を洗う細長い道具の上に置き、「撃鉢《はいはつ》の偈《げ》」「三匙《さんし》の偈《げ》」を唱えて再度食事の意味を確認。そしていよいよ、一斉に料理をいただきます。

## 「ながら」をせず丁寧にいただく

参加者は、坐禅と同じ姿勢で足を組んだり、両手の親指、人差し指、

所作にしたがい、食事をいただく参加者。

中指で応量器《おうりょうき》を扱ったりして、丁寧に食事をいただきます。器を扱う時に物音が立たないようにし、咀しゃく時の音にも細心の注意を払うのが『行鉢 GyoHatsu』のマナーです。静かな空気の中で、テレビやスマホを見ながら、会話をしながら、明日の予定を考えながら……といった「ながら」の食事とはまったく異なり、みなが口の中にある食べ物に集中して、よく味わっていることが伝わってきます。とはいえ、ピンと張り詰めた緊張感ではなく、リラックスしながらも集中できている、心地よい雰囲気です。実際に体験すると、ご飯が甘く感じられ、炊かれた野菜に染み込んだ出汁や調味料の風味が、輪郭が太くなったようにクッキリと感じられます。食材ごとに異なるのどごしを意識するのも、得がたい経験でしょう。

　そうして食べ進めると、おかわり

の合図である「再進《さいしん》（請）」が告げられ、「生飯《さば》」が回収されます。ゆっくり食べるとお腹はすぐに膨らむもので、普段の食事の6～7割ほどの量で充分となる人も多いようです。日ごろ、いかに過剰に食事をいただいているかが、感じられる瞬間でもあります。

全員が料理を食べ終えたら、お茶をいただきます。続いてお湯をいただき、食事で使った応量器《おうりょうき》を洗って拭う「洗鉢《せんぱつ》」を行います。洗い物を含めた後片付けまで終えてしまうのが、『行鉢 GyoHatsu』の合理的なところ。ちなみに「洗鉢《せんぱつ》」の最後には、器を洗ったお湯を施しのために桶に回収する「折水《せっすい》」があり、それに先立って「折水《せっすい》の偈《げ》」を唱えます。最後まで、食事を通じて自然とのつながりを意識することが考えられているのです。

器を洗ったお湯を自然に還す「折水」の様子。

## 1時間30分の食事という ゆるやかな時間の流れ

「折水《せっすい》」を終えたら、良徹和尚が「處《しょ》世界梵《せかいぼん》（後唄《ごばい》）」のお唱えをして『行鉢 GyoHatsu』は終了です。終了後はみなが、スッキリと充実した面持ちだったのが印象的でした。

体験会の食事にかかる時間は、およそ1時間30分。これだけの時間をかけていただくことが、まず非日常であり、その緩やかな時間に身を委ねること自体も、気持ちがととのう理由なのでしょう。もちろん『行鉢 GyoHatsu』に込められた禅の心は、所作を追うだけでも充分に感じ取れますが、ひとつひとつの意義を理解すると、より深まる感じがします。本書で紹介している『食べる禅』に興味を持ったら、より本格的な『行鉢 GyoHatsu』にも参加してみてはいかがでしょうか？

応量器を片付ける参加者。

良徹和尚からのひと言　⑤

## 瞬間、瞬間を受け止めて美味しさの評価は持ち込まない

禅の修行では、リアルタイムを重んじるため、「褒める」「美味しい」といったポジティブな感情だけでも、よしとはされません。当たり前のことですが、その対象を堪能している最中に感想文やアンケートは書けません。感想や評価はその瞬間ではなく、あとから振り返ったもの。ネガティブもポジティブもそうした感想や評価の範囲であって、“今この瞬間”ではないのです。

そして“今この瞬間”を大切にするのは、食事でも同じです。本書でも触れているように、禅の食事では、いただく間際に「五観の偈」を唱え「生飯」の施しへと続きます。この際の注意点として、道元禅師は自著『赴粥飯法』の中で「五観の偈のあとは、感謝や反省といった内省をいったんやめて、目の前の食事に意識を戻してから生飯を行うように」と述べています。つまり、ひとつひとつの所作に意識を向け“今この瞬間”を見失わないことを促しているのです。もちろん、感謝や反省の気持ちは大事にしますが、そこにばかり気が向くと“今この瞬間”を捉えにくくなってしまいます。どんなによい思いでも、それにしがみつき、こだわり続ければ“執着”となり、目の前のことから離れた状態になります。

『食べる禅』を行う際も、こういった点に気を付けたいものです。

いただきます

# おしまいに

和食が無形文化遺産に登録された影響もあってか、近年では日本の伝統的な「食」が再認識されているように感じます。さらには、エコやオーガニックなどとも合わさって、食材の産地や育て方、活かし方、調理法など、生産する人や料理する人たちの工夫や努力もしばしば見聞きします。

その一方で、食事の仕方についてはどうでしょうか？「いただきます」や「ごちそうさま」を発する程度で、具体的な食べ方はあまり伝わっていないような気がします。文化遺産となった和食を先人はどのようないただき方をしてきたのか、どのような心でいただくのが日本の伝統的な食なのか。

本書で紹介している『食べる禅』からは、その答えの一端を見出していただけると考えています。

『食べる禅』の源流である、曹洞宗の道場の正式な食事「行鉢」は、時代や道場、指導者によって、多少の所作の違いはありますが、道元禅師の著書『赴粥飯法』の内容などがベースとなっている伝統的な食事法です。『赴粥飯法』の中には、食事に関する様々な所作や心得が具体的に記されています。食べ方の注意点をはじめ、合掌の仕方、お堂の入り方、席へのつき方、器の並べ方、料理の受け方、片付け方など、事細かに解説されています。それらの所作や心得の中には、現代でもなじみ深いものも多くみられ、時代や地域に左右されない食に対する心が盛り込まれていると思います。

たとえば、本書内でも触れた正式な食事で用いる組食器の「応量器」は、その字のとおり「量に応じて受ける器」という意味で、必要な分だけをいただく「節制の心」が宿った器です。エコな機能性、入れ子状の収納性、漆塗りの殺菌力による衛生性といった合理的な工夫と、そのシンプルで美しい見た目が多くの人を魅了します。

また、「箱膳」などの文化が伝わる日本では、自分用の器を持つという感覚が備わっていると思います。やはり自分の器を扱うことで、使い捨てを前提とする容器などを扱うのに比べて、器自体や中の料理を大事に扱うことになり、おのずと丁寧な食事につながります。そのように伝承されてきた道具や、本書の各所で触れてきた所作の数々は、先人が大切にしてきた食を敬う心のあらわれであり、普遍性を感じずにはいられません。

私自身、そうしたことをできるだけ多くの方と学び、実践しながら食を深めていきたいと考え、2014年から毎月『行鉢 GyoHatsu - 丁寧な食事の仕方 - 』という禅の食事体験会を地元の料理人さんの協力を得て開催して参りました。修行僧と同じ道具、同じ所作と流れで行う『行鉢 GyoHatsu』では、本格的な応量器を用いたり、「生飯」や「折水」の施しの作法を行ったり、漬け物ではなく「鉢刷」という道具を用いて器を洗ったりと、できるだけ道場に近い環境を準備して、試行錯誤しながら所作をお伝えしています。それらの所作に込められた心は、本書中の「和尚のひと言」など、各所で触れたつもりです。どうしても厳しく難しいイメージが強い禅の食事作法を、いかに柔らかく現代風にお伝えできるかを模索しつつ、周囲に支えられながら今に至っております。

以前、自分が主催する『行鉢 GyoHatsu』に初めて参加された女性の方から、「体験会での食事は、まだ自分で食事ができなかった乳幼児の頃、親に食べさせてもらった時のような感覚。無防備のまま口を開かされ、ひと口分ずつ丁寧に運び入れてもらった頃を思わせる、自分で食べてないような不思議な感じでした」という感想をいただきました。

おそらくこうした感覚は、「行鉢」という伝統的な所作に親しみならうことで生じるものだろうと感心いたしました。自分の思いや計らいが及ばないこうした感覚こそが、身勝手さを抑え、おだやかな心を育むのであり、しっかりと受け継いでいくべきものだと考えております。

繰り返しになりますが、本書の『食べる禅』は、あくまでも私自身の経験知識で主催する

『行鉢 GyoHatsu』を応用した内容であり、禅や仏教に興味のない方にも実践いただけるような平易さを目指しました。それゆえ、本書内では『赴粥飯法』や道場の正式な作法に関しては部分的、簡略的にしか触れておりませんし、動きのない写真と文字での解説であるため、充分には伝えきれておりません。

また、調理する側の心得である道元禅師の著書『典座教訓』の内容や精進料理に関しても特に言及しておりませんが、それらを踏まえると、「生飯」や「折水」などの作法も理解が深まると思います。本来の禅の食事は、坐禅で行うため、坐禅の体験や実践によって実感できる部分も多いと思っております。

みなさまには、本書を禅の世界への入り口として、各地の様々な禅体験の場にご参加いただければ有難いです。命をいただくという食事の真意を確認しつつ、おだやかな身心を養うきっかけとなれば幸いです。

合掌

谷内良徹　拝

## 参考文献

「典座教訓・赴粥飯法」中村璋八／石川力山／中村信幸（講談社）
「道元・日々の生き方 典座教訓・赴粥飯法・衆寮箴規」佐藤達全（大法輪閣）
「修訂 曹洞宗回向文講義」櫻井秀雄（平文社）
「日常唱える偈文の解説」高崎直道（大本山總持寺出版部）

## 衣装協力

【表紙】トップス／ファビア㊝オットージャパン☎0120-666-010、スカート／ビーミング by ビームス㊝ビーミング ライフストア by ビームス コクーンシティ☎048-788-1130【P.10】トップス・パンツセットアップ／ファビア㊝オットージャパン☎0120-666-010【P.20〜41】ニット・パンツ／ユニバーサルランゲージ㊝ユニバーサルランゲージ たまプラーザ テラス店☎045-905-1861【P.48、52】トップス／ビーミング by ビームス㊝ビーミング ライフストア by ビームス コクーンシティ☎048-788-1130

## 撮影スタッフ

写真撮影：村本 祥一（BYTHEWAY）／六角 真裕（空耳カメラ）
モデル：薫（Prestige）
スタイリスト：小孫 一希
ヘアメイク：萩原 典幸

# 食べる禅

## 「いただきます」で切りかえる ココロとカラダのおだやかスイッチ

2018年4月25日　　初版第1刷　発行

監修　　谷内 良徹

発行人　　塩見 正孝

発行所　　株式会社三才ブックス

〒101－0041
東京都千代田区神田須田町2-6-5 OS'85ビル
TEL：03-3255-7995
FAX：03-5298-3520

印刷・製本　　図書印刷株式会社

ISBN 978-4-86673-036-3　C0030